AF242716

VOYAGE

de LL. AA. RR.

M. LE DUC ET Mme LA DUCHESSE D'ORLÉANS

AUX EAUX DE PLOMBIÈRES

en Juillet 1842.

Notes recueillies

PAR M. CH. CHARTON,

CHEF DE BUREAU A LA PRÉFECTURE DES VOSGES,
MEMBRE DE LA SOCIÉTÉ D'ÉMULATION
DU MÊME DÉPARTEMENT.

ÉPINAL, IMPRIMERIE DE GLEY.

Le voyage de M. le Duc d'Orléans aux eaux de Plombières, dans les premiers jours de juillet, est malheureusement la dernière excursion du Prince. S. A. R. s'est fait connaître aux habitants de cette contrée sous des rapports si beaux, si touchants, que jamais le souvenir de ses traits, de ses manières, de ses qualités ne s'effacera de leurs cœurs. Le séjour du Prince et de la Princesse dans les montagnes des Vosges a été bien court, il est vrai, mais il a suffi pour faire apprécier à la population tout le bien qu'elle pouvait espérer de leurs généreux sentiments, de leurs hautes vertus, de leurs connaissances variées, et c'est cela qui nous fait mieux sentir encore l'immensité de la perte que la France vient d'éprouver.

On doit nécessairement s'intéresser à des détails qui se rapportent aux derniers jours de l'existence d'un Prince si justement et si universellement regretté. C'est ce motif qui nous a engagé à retracer les principales circonstances du voyage de S. A. R. à Plombières. Notre récit est en tous points conforme à la vérité. Nous en avons recueilli les éléments auprès de personnes dignes de la plus entière confiance, et parmi lesquelles nous citerons surtout M. de la Bergerie, Préfet des Vosges ; M. Blondlot, adjoint à Charmes ; MM. les maires d'Igney, de Bellefontaine, de Plombières ; MM. l'inspecteur des écoles primaires, Demange, curé de Bellefontaine, Defranoux, receveur des contributions indirectes à Epinal, Demange, percepteur à Hadol, et Mantrand, de Xertigny.

VOYAGE

De LL. AA. RR.

M. LE DUC ET MME LA DUCHESSE D'ORLÉANS

AUX EAUX DE PLOMBIÈRES

EN JUILLET 1842.

La nouvelle officielle du voyage de Mme la DUCHESSE D'ORLÉANS aux eaux de Plombières, où S. A. R. se proposait de faire une saison, parvint sur la fin de juin 1842 à M. de la Bergerie, Préfet des Vosges. Cette dépêche portait que M. le DUC D'ORLÉANS accompagnait son auguste épouse ; que le couple royal devait partir de Paris le 3 juillet, traverser une partie du département des Vosges le 5, et arriver le même jour à sa destination. Le repos nécessaire à la santé de la Princesse exigeait que LL. AA. RR. voyageassent *incognito* et qu'aucune réception solennelle ne signalât leur passage.

Mais que pouvait cette recommandation conseillée par la sage prévoyance des médecins, contre l'enthousiasme excité par l'apparition inespérée du fils aîné du Roi, dans une contrée qui ne l'avait pas vu depuis onze ans !

Aussi, averties de sa prochaine venue, les autorités municipales et les populations ne voulurent-elles point laisser échapper cette heureuse occasion de donner à l'héritier du trône et à sa noble compagne des témoignages éclatants de leur affection et de leur dévouement. Partout, dans les Vosges, sur le chemin qui s'étend du village de Socourt à la ville de Plombières, les villes comme les villages s'animèrent et prirent un air de fête ; partout s'improvisèrent comme par enchantement des arcs de triomphe, des trophées d'armes, des guirlandes de verdure, des avenues de sapins où flottaient les couleurs nationales unies au chiffre de M. le Duc d'Orléans.

De son côté, l'autorité départementale était loin de rester dans l'inaction. Par ses ordres, de nombreux ouvriers, disséminés sur la route, en disposèrent la surface de manière à écarter toute difficulté, tout obstacle qui aurait pu amener quelque fatal accident, et sur aucun point, on n'eut à craindre l'apparence même d'aucun danger.

A plusieurs reprises, M. le Préfet se rendit à Plombières, visita avec une sollicitude éclairée toutes les parties de l'établissement thermal, fit exécuter sous ses yeux les améliorations jugées indispensables, et préparer à Mme la Duchesse d'Orléans, pour toute la durée de son séjour, une demeure aussi agréable que commode.

Ainsi, en peu de jours, tout fut prêt pour recevoir dignement LL. AA. RR., soit sur la route qu'elles avaient à parcourir, soit à leur entrée à Plombières, où, se conformant à leurs instructions, M. le Préfet et M. le Général commandant le département des Vosges durent les attendre.

Le 5 juillet, comme la dépêche l'avait annoncé, les augustes voyageurs, sans escorte et sans suite, arrivèrent à Socourt, à la limite séparative des deux départements de la Meurthe et des Vosges ; il était deux heures de l'après-midi. En cet endroit, un magnifique et pittoresque arc de triomphe avait été élevé par les soins de M. Doyat, ingénieur en chef des ponts et chaussées. M. Bertaud, maire de Socourt, à la tête du corps municipal, suivi de tous ses concitoyens, se porta à la rencontre du Prince, et lui présenta ses hommages ainsi qu'à Mme la DUCHESSE D'ORLÉANS. Il en fut accueilli de la manière la plus affectueuse. Le Prince s'informa de la situation de sa commune, et lui demanda s'il comptait beaucoup de pauvres parmi ses administrés. « Monseigneur, lui répondit le maire, il y a des indigents à Socourt comme partout ailleurs, mais cependant la misère ne s'y fait pas trop sentir. » S. A. R. lui remit aussitôt plusieurs pièces de 5 francs, en lui disant : « Donnez cela à vos pauvres, Monsieur le Maire ; je serais trop heureux si ce faible secours pouvait un peu soulager leur triste existence. » Le maire, vivement pénétré de cette franche et généreuse bienveillance, s'enhardit assez pour prier le Prince de s'intéresser à la demande faite depuis 20 ans, et renouvelée chaque année par sa commune, dans le but d'obtenir l'érection de son église en succursale. S. A. lui fit remarquer en souriant que cette affaire n'était guère de sa compétence, mais que néanmoins elle s'en occuperait à son retour à Paris, si le maire voulait bien lui adresser une pétition régulière qu'elle pût recommander à M. le Ministre des cultes.

Quelques minutes après, M. le Duc d'Orléans faisait son entrée à Charmes. A peine ses voitures étaient-elles arrêtées, qu'il sauta vivement de celle qui le transportait, et qu'il se rendit au-devant de M. Blondlot, adjoint remplissant les fonctions de maire. Ce fonctionnaire, revêtu de son écharpe et environné de ses conseillers municipaux, lui exprima tout le bonheur que les autorités et les habitants de Charmes éprouvaient de le posséder, ainsi que Mme la Duchesse d'Orléans, quelques instants dans leurs murs. Après avoir également reçu les félicitations de M. Guyot-Desherbiers, sous-préfet de l'arrondissement de Mirecourt, de M. Lardenois, juge de paix de Charmes, et parcouru les rangs de la compagnie de sapeurs-pompiers formant la haie le long des voitures, pour en éloigner la foule avide de contempler les traits d'un Prince si bon, si affable, si populaire, S. A. parut vivement touchée d'un accueil aussi empressé, aussi cordial. Elle s'excusa dans les termes les plus obligeants de se trouver, par son costume de voyage, si peu en mesure de recevoir convenablement une marque aussi touchante de la sympathie des habitants de Charmes. Elle ajouta qu'elle voyageait le plus simplement possible pour éviter aux populations un déplacement qui la flattait beaucoup, mais qu'elle aurait désiré leur épargner. Elle dit plusieurs fois aux personnes qui l'entouraient : « C'est trop, Messieurs, c'est trop ; recevez-moi comme un ami : j'en serai plus flatté encore. »

Le Prince présenta les autorités à Mme la Duchesse, et il se confondit dans les rangs populaires, recevant de toutes parts les preuves de l'affection la mieux sentie et la mieux méritée. S. A. R. s'entretint avec les officiers en retraite, qui sont nombreux à Charmes, puis avec M. Hannus, maître de poste, à qui elle demanda s'il avait servi. « Oui, Monseigneur, j'ai fait un congé dans le 1er régiment de hussards. » Et le Prince, avec autant de vivacité que de bonté : « Je suis heureux de rencontrer dans le maître de poste de Charmes un ancien compagnon d'armes. » Dans ce moment, le sieur Lorrain, sapeur-pompier, qui avait perdu une jambe dans un incendie, perçant avec peine les rangs de la foule, vint réclamer son assistance, et le Prince lui fit remettre un secours de 140 francs.

Les mêmes témoignages de respect et d'attachement furent adressés à Mme la Duchesse d'Orléans, qui les reçut avec sa grâce et son affabilité si connues.

Vingt minutes s'étaient écoulées ; LL. AA. RR. quittèrent Charmes, en laissant dans tous les cœurs un sentiment de bonheur et de joie difficile à exprimer.

Une orpheline de cette ville, Melle R. Goré, fille d'un ancien colonel de l'Empire, et dont les frères sont morts au champ d'honneur, fut élevée à l'école impériale des demoiselles de la légion d'honneur d'Écouen. Pendant son séjour dans cette célèbre institution, elle avait entrepris, pour satisfaire un désir de l'Empereur, une carte historique de la retraite des Dix Mille. Cette carte, brodée en soie verte sur un fond blanc, devait être remise à Napoléon, mais elle ne fut point terminée assez tôt, et les événements de 1814 la laissèrent entre les mains de la jeune élève d'Écouen. Melle Goré sachant tout l'intérêt que Mme la Duchesse d'Orléans porte aux arts, résolut de lui faire hommage de ce travail remarquable d'intelligence, d'habileté et de persévérance. Mais, trop modeste, elle n'osa pas le lui présenter elle-même, et pria M. le Préfet de l'offrir en son nom. Ce magistrat voulut bien être son intermédiaire. La Princesse agréa ce charmant ouvrage, en témoigna sa bienveillante satisfaction à l'auteur et lui adressa de Plombières ses gracieux remercîments.

Au pied de la côte de Vincey, M. le Duc d'Orléans trouva un détachement de la garde nationale de ce village, ayant le maire en tête. Le Prince descendit de voiture pour les recevoir et les accueillit avec autant d'empressement que si c'eût été une députation de quelque grande ville. Il remercia le maire de tout ce qu'il lui dit de respectueux.

Pendant la montée de Vincey, le maître de poste de Charmes se tint constamment à la portière de la voiture du Prince pour veiller à sa sûreté et assurer l'exécution de ses ordres de service. Le Prince le questionna sur

les espérances des récoltes prochaines et ne lui cacha
point qu'il avait vu avec peine les prairies naturelles
et artificielles souffrir d'une sécheresse beaucoup trop
prolongée. « Malgré cela, dit Mme la Duchesse d'Orléans, je ne me figurais pas que les Vosges fussent un
aussi beau pays. » Et comme quelqu'un fit remarquer
que S. A. R. trouverait dans les Vosges, non-seulement
un beau pays, mais encore de braves et bonnes gens,
le Prince répondit : « Monsieur, la France entière sait
apprécier le département des Vosges, et le Roi a toujours
compté sur son dévouement. »

Le trajet de Charmes à Igney se fit en moins de
32 minutes (2 minutes par kilomètre.) A son arrivée
au relais, le Prince témoigna le désir d'être mené moins
rapidement à l'avenir. Était-ce déjà un pressentiment
dû fatal événement qui devait si tôt le ravir à la France !

Le village d'Igney s'était empressé de s'associer à
cette manifestation générale qui traduisait si bien les
sentiments d'une contrée profondément attachée à la
dynastie de juillet. Il s'était aussi paré ; il avait aussi
déployé ses guirlandes entremêlées de couronnes et
suspendues sur le passage du Prince. Dans l'après-
midi du 5 juillet, le maire, le conseil municipal,
tous les habitants, auxquels s'étaient réunis ceux des
villages d'alentour, s'étaient portés sur la route, les
yeux tournés vers la côte de la Héronnière que le
Prince venait de descendre. Il fallait nécessairement
que M. le Duc d'Orléans s'arrêtât quelque temps dans
ce village pour changer de chevaux, et la population

d'Igney se promettait bien de mettre à profit ces instants,
si courts qu'ils fussent, pour contenter une juste et
légitime curiosité. Mais il lui était réservé de jouir d'un
bonheur vainement envié par des localités plus impor-
tantes et qu'elle était loin d'espérer : les augustes
voyageurs devaient rester près d'une heure à Igney.

En descendant de voiture, le Prince reçut les hommages des autorités, les remercia avec affabilité et
remit au maire des secours pour les pauvres de sa
commune. Il aperçut dans la foule un brave homme de
Vaxoncourt, nommé Laurent, qui portait une médaille
d'honneur sur son modeste habit. « Qui vous a donné
cette médaille? lui demanda S. A. — Monseigneur, c'est
le Roi, votre père. — Qu'avez-vous donc fait pour
l'obtenir? — J'ai sauvé huit personnes qui se noyaient
dans la Moselle. — C'est une belle et généreuse conduite; » et le Prince glissa quelques pièces d'or dans la
main de son interlocuteur.

S. A. et Mme la Duchesse d'Orléans entrèrent dans
l'auberge de M. Durand, qui, confus d'abord de se
trouver si près de l'héritier du trône, ne tarda pas à
se remettre de son trouble lorsqu'il vit les manières
simples et affectueuses de ses nobles visiteurs. Qu'on
nous permette de rendre le récit que l'hôte momentané
du Prince nous a fait de ce qui s'est passé chez lui
pendant le séjour de LL. AA. RR. Le voici dans toute
sa naïveté :

« Le Prince, qui avait demandé du lait frais pour
Mme la Duchesse, entre chez moi et la Princesse aussi.
En s'avançant vers une de mes chambres, le Prince

dit : « Voïci un local assez propre, » et la Princesse ajouta : « Voilà de beaux meubles. »

» Passant de-là dans la salle où je donne à boire, Mme la Duchesse vit mes deux fusils accrochés au mur et me dit : « Ce sont des fusils de gardes nationaux ? » Le Prince répondit, « Non, ce sont des fusils de chasse. » Il en prit un et le mit en joue, en disant : « Vous êtes le maître de cette auberge ? » Je répondis : oui, en tremblant, car au premier abord, j'étais un peu troublé. Le Prince prit aussi mon autre fusil, en fit jouer les ressorts, et le mettant en joue « Celui-ci donne plus de voie que l'autre. Êtes-vous chasseur ? — Un peu. — Et moi aussi. — Mais il est plus agréable, mon Prince, de chasser dans vos *parterres* que dans ce pays ; on y trouve plus de gibier. — Y a-t-il long-temps que vous chassez ? — Oui, mon Prince ; depuis que je ne suis plus dans la troupe. — Vous avez servi ? — Oui, mon Prince. — Sous quel règne ? — Sous l'Em-pire. — A quelle époque ? — En 1813 et 1814. — Dans quel régiment ? — Dans le 57e. — quel général ? — Vandamme. — Vous vous êtes alors trouvé à Dresde et à Leipsig ? — Oui, mon Prince. J'ajoutai : j'ai eu du malheur, mon Prince. — Comment cela ? — J'ai reçu des blessures ; Napoléon a été *destitué*, et Louis XVIII, qui l'a remplacé et qui n'était pas riche, m'a donné une pension de 100 francs, qui n'est point en rapport avec mes services. — Voyons vos blessures. » Je lui montrai ma main droite traversée par une balle, les traces d'un coup de lance sous le nez et d'une balle dans le *gras* de la cuisse. Le Prince me dit : « Vous n'avez pas

en effet la pension que méritait la gravité de vos
blessures. »

» S. A. continuant à me questionner : « Avez-vous
un fils à l'armée ? — Non, mon Prince. — Tant pis :
j'aurais eu soin de lui et je l'aurais fait avancer. Où est
votre brevet de pension ? » J'allai le chercher et je le
présentai à S. A. « Est-ce que vous n'avez pas de garçon
pour le premier tirage ? — Non, mon Prince. — Combien avez-vous d'enfants ? — Deux ; une fille et un garçon. — Votre fils a satisfait à la loi du recrutement ? —
Oui, mon Prince, il a été libéré par son numéro. »

» Mme la Duchesse m'adressant alors la parole : « Je
voudrais bien voir votre garçon ; et comme il arrivait :
— Ah ! voilà le petit jeune homme. Êtes-vous marié,
mon ami ? — Non, ma Princesse. — Et vous ne pensez
pas à vous marier ? — Pas encore, ma Princesse ; je
suis un peu jeune. — Vous cultivez la terre ? — Oui,
ma Princesse. — Vous avez bien du mal, n'est-ce
pas ? — Oui, Madame : j'ai bien du mal tout de même.
— Le temps actuel n'est pas favorable aux cultures ? —
Il faudrait de la pluie ; les pauvres animaux n'ont
rien à manger ; il n'y aura pas de regain ; il n'y aura
pas d'avoine. — Travaillez toujours bien, mon ami ;
vous serez toujours content de vous-même. »

» Dans ce moment, plusieurs dames habitant les
villages voisins s'approchèrent de la porte pour voir
LL. AA. RR. Le Prince sortit et je leur dis : « Mesdames,
voilà Monseigneur le Duc d'Orléans. » L'une d'elles
portait son enfant sur les bras. Le Prince lui dit :
« Madame, vous avez là un bel enfant. — Quel âge

a-t-il? demanda Mme la Duchesse. — Deux ans. — C'est l'âge de mon second fils. » Puis elle s'approcha de la mère, caressa l'enfant et lui donna quelques sucreries.

» LL. AA. étant rentrées dans la salle, on apporta, pour leur repas, le lait et les œufs qui m'avaient été demandés, et d'autres aliments que les domestiques allèrent prendre dans une des voitures du Prince. Je sortis, mais M. le Duc d'Orléans ne tarda pas à me rejoindre, et me questionna de nouveau : « Le commerce va-t-il? Voyez-vous beaucoup de monde? — Oui, mon Prince. — C'est bien. » L'entrepreneur des fontaines du village était alors chez moi : il s'était fait servir une bouteille de vin. Le Prince demanda à y goûter. L'entrepreneur lui fit remarquer que c'était du vin du pays. Monseigneur répondit : « Je veux savoir s'il est bon. Vos vignes sont-elles belles? — Oui, mon Prince. — Et celles de Plombières? » Mais l'entrepreneur, qui vit bien que le Prince voulait plaisanter, puisque le sol et le climat de Plombières n'y permettent point la culture de la vigne, répartit : « Oh! pour celles-là, mon Prince, elles ne craignent pas la grêle. »

» Je ne saurais dire combien M. le Duc et Mme la Duchesse d'Orléans étaient bons, prévenants, polis, et combien nous étions heureux de les voir. Le Prince parlait à tous sans distinction de personnes, toujours le chapeau à la main, et il s'adressa même à un pauvre voyageur qui se reposait sur le seuil de la porte de ma maison. Mme la Duchesse porta la bonté jusqu'à prier ma fille, qui voulait faire retirer la foule se pressant auprès de mes fenêtres, de laisser approcher tout le monde.

» Avant de partir, le général qui accompagnait M. le Duc d'Orléans sortit un instant et revint auprès de ma femme, à qui il remit une somme de 80 francs pour nous dédommager, dit-il, de l'embarras qu'on nous avait occasionné : 80 francs pour un peu de lait et quelques œufs !... C'était cent fois plus cela ne valait.

« Sur le point de remonter en voiture, le Prince dit à Mme la Duchesse : « Nous avons été heureux ; nous sommes entrés chez un ancien militaire. » Encouragé par ce propos, je me permis de dire à mon tour : « Au revoir, mon Prince. Portez-vous bien. Je vous souhaite un bon voyage. A votre retour, nous irons ensemble à la chasse. — Oui, mon ami, répondit le Prince. » Et il partit. »

M. le Duc d'Orléans s'arrêta quelques instants au village de Thaon. Il en profita pour s'entretenir avec le maire et donner un secours à un vieux militaire retiré du service. Pendant ce temps, la Princesse adressa aux villageois dont elle était entourée des questions qui témoignaient de son intérêt pour la classe laborieuse des cultivateurs.

Il était un peu plus de quatre heures lorsque le couple royal arriva à Epinal. Depuis long-temps le faubourg que LL. AA. devaient traverser était occupé par la plus grande partie de la population ; près de 8,000 habitants attendaient avec une impatience difficile à décrire le moment de leur passage. Le Prince mit pied à terre à l'entrée de la ville, au lieu où s'élevaient deux remarquables trophées d'armes, et où une compagnie de garde nationale était stationnée. Il entra aussitôt en conversation avec M. Gerardin, colonel du 10ᵉ régiment de dragons, et avec M. Beaurain, capitaine commandant le détachement de garde nationale. La foule se pressait pour le voir, pour l'entendre, pour voir et pour entendre aussi Mᵐᵉ la Duchesse d'Orléans. Chacun admirait la noble simplicité, la confiance intime du fils aîné du Roi, qui voyageait sans faste, sans gardes, sans suite, et qui s'abandonnait tout entier à l'affection, au dévouement d'un peuple touché de ses éminentes qualités. Le Prince remonta en voiture pour se rendre à l'hôtel de la poste, où se trouvaient réunies les autorités. Sa calèche marchant lentement était précédée et suivie d'un immense cortége d'habitants de tous les âges, de toutes les conditions. Arrivée à l'hôtel, S. A. accueillit avec sa courtoisie ordinaire les personnes qui se présentèrent à elle, et parla long-temps à M. Adam, maire de la ville, à M. de Zincourt, président du tribunal, avec lesquels Mᵐᵉ la Duchesse d'Orléans prit plaisir à s'entretenir aussi. La Princesse, dont le cœur s'intéresse à toutes les infortunes, s'informa surtout auprès du maire de l'état et des besoins des institutions charitables du lieu, et promit de venir au secours des indigents.

Parmi les citoyens qui entouraient les augustes voyageurs, se trouvait, non loin du maire et des officiers de la garde nationale, M. l'inspecteur de l'instruction primaire du département, ancien élève du collége Henri IV. Le Prince l'aperçut et lui adressa de bienveillantes paroles. On entendit celles-ci : « Quelle carrière avez-vous suivie ? Êtes-vous satisfait ? Je pourrai vous revoir à Plombières ; allons, c'est avec plaisir que je rencontre dans ce pays un ancien condisciple. »

L'Université, sans doute, recueillera ces paroles, les dernières que le Prince royal ait prononcées publiquement pour rendre hommage à l'éducation de sa noble enfance !..

Pendant le temps que M. le Duc d'Orléans resta mêlé à la foule, sa contenance, son visage ouvert et souriant, ainsi que sa conversation, exprimaient une véritable satisfaction.

« Je suis vraiment touché, dit-il à plusieurs reprises, de l'accueil que vous voulez bien me faire ; quand de loin j'ai aperçu les drapeaux et cette nombreuse population, j'ai regretté de n'être pas dans un costume présentable ; excusez-moi, je vous prie. » Le Prince invita, en le quittant, M. le maire d'Épinal à venir à Plombières rendre visite à Mme la Duchesse d'Orléans.

LL. AA. RR. se remirent en route, laissant livrée à de douces émotions la population qui s'était assemblée sur leur passage.

A Dounoux, toutes les maisons qui bordent la route étaient ornées des couleurs nationales. A l'entrée et à la sortie du village, se laissaient voir deux arcs de triomphe en verdure, surmontés de drapeaux et d'une inscription en l'honneur de la famille royale. Des sapins étaient plantés sur chacun des côtés de la route; des boîtes chargées étaient prêtes à annoncer l'arrivée et le départ du Prince. Lorsque les voitures de LL. AA. furent aperçues au-dessus de la côte du Bambois, le maire, son adjoint, le conseil municipal, les officiers de la garde nationale, le percepteur, les habitants, tous se portèrent à l'entrée du village et formèrent la haie. Arrivé à quelques pas d'eux, le Prince fit arrêter sa voiture, en ouvrit lui-même la portière et descendit. On remarqua qu'il ôta ses gants, pour se conformer sans doute à l'usage des villageois qui se montrent toujours les mains nues. Vêtu en habit bourgeois, il s'avança rapidement vers le maire, qui, ne le connaissant pas d'abord, resta à son poste.

M. le Duc d'Orléans, le chapeau à la main, s'adressa à ce magistrat, en lui disant : « Monsieur le maire, je suis très-content de vous voir; si j'avais su rencontrer sur mon passage les autorités de la commune, je me serais mis en uniforme pour les recevoir. » Le maire remercia respectueusement S. A. de son accueil affectueux. Le Prince s'approcha ensuite de M. Demange, percepteur. « Y a-t-il long-temps, Monsieur, lui dit-il, que vous êtes percepteur ? — Dix ans, mon Prince. — Quels services comptiez-vous auparavant ? — J'avais travaillé huit ans dans les bureaux de la préfecture des Vosges.—Vous plaisez-vous dans votre carrière ? — Très-bien ! — En ce cas, il faut tâcher, Monsieur, d'y faire votre chemin. » Il demanda alors le nom de la commune où il se trouvait, et lorsqu'on eut répondu à cette question : « Veuillez, Messieurs, descendre auprès de Mme la Duchesse d'Orléans ; elle sera bien contente de vous voir. »

Tout le monde, le maire et le percepteur en tête, se dirigea alors vers la voiture de la Princesse ; après l'avoir saluée respectueusement, le percepteur pria S. A. R. d'agréer les hommages des habitants de Dounoux et leurs vœux sincères pour le bonheur de toute l'auguste famille du Roi des Français. S. A. remercia très - gracieusement, et personne, à son accent, ne se serait douté qu'elle fût née en Allemagne. Le Prince, qui s'était, selon son habitude, mêlé à la foule, reprit la conversation avec le percepteur, et s'informa si l'impôt rentrait bien. Sur la réponse affirmative de ce comptable, S. A. R. reprit : « Les Vosgiens se sont toujours montrés ainsi. »

Le Prince remonta alors en voiture. Au moment de son départ, il fut salué d'un *vivat* en faveur de S. A. R. M. le Comte de Paris. M. le Duc et Mme la Duchesse d'Orléans en parurent touchés, et le Prince, tendant la main au percepteur qui l'avait prononcé, lui dit : « Je vous remercie beaucoup ; » Mme la Princesse se leva à demi, et remercia à son tour de la manière la plus gracieuse.

Pendant que tout cela se passait, une troupe d'enfants entourait la voiture où Mme la Duchesse d'Orléans était placée. On voulut les faire retirer, mais S. A. R. toujours affable demanda qu'on les laissât approcher, et les enfants, joyeux, coururent sur ses traces, et lui servirent d'escorte pendant quelques instants.

L'autorité municipale de Xertigny n'avait rien négligé, de son côté, pour la réception solennelle du Prince. Elle avait fait élever un arc de triomphe qui n'avait pas moins de dix mètres de hauteur sur douze mètres de largeur. Ce monument portait le chiffre de M. le Duc d'Orléans, et, sur un de ses côtés, on apercevait, à travers deux larges feuilles de verre, les couleurs nationales qui, à l'aide d'un mécanisme ingénieux, se déployaient et se mouvaient continuellement. Ses colonnes étaient recouvertes de mousse, de lierre, de rosaces et de mosaïques de nuances diverses. Les rues offraient un pittoresque assemblage de chênes, de bouleaux, de pins. A toutes les croisées flottait le drapeau national.

Lorsque, vers six heures de l'après-midi, LL. AA. RR. touchèrent au territoire de Xertigny, le maire et ses concitoyens se portèrent à l'entrée de ce bourg. Un habitant se détacha de la foule, et s'avançant vers un voyageur descendu de l'une des voitures et simplement vêtu : « Monsieur, pourriez-vous me dire dans quelle voiture se trouve le Prince ? — Mais c'est moi, mais me voici, répondit avec bonté M. le Duc d'Orléans. — Mille fois pardon, Monseigneur ; je ne croyais pas que vous fussiez le Prince. — C'est moi au contraire, reprit S. A., c'est moi qui devrais vous faire des excuses , parce que j'aurais dû me faire connaître. »

Dans ce moment , le son des cloches , le bruit des boîtes et les tambours de la garde nationale se firent entendre. Les autorités et les habitants se présentèrent au Prince. La joie et l'enthousiasme se manifestèrent de toutes parts. Les cris de : vive le Roi! vive son auguste dynastie! vive Monseigneur le Duc d'Orléans! vive sa noble compagne ! vivent les Princes leurs enfants, l'espoir de la patrie! retentirent dans les rangs pressés de la foule.

M. Cholez, maire de Xertigny, adressa au Prince le discours suivant :

« Monseigneur, c'est avec le plus grand plaisir que je viens renouveler à V. A. R. les vœux que depuis 1830 fait ce pays pour la conservation des jours du Roi et de son auguste famille. Nos enfants prient pour les enfants dont le ciel vous a rendu père. Nous sommes heureux de posséder leur auguste mère parmi nous. Ses vertus sont connues jusque dans nos plus modestes chaumières. Monseigneur, daignez dans cette mémorable circonstance, agréer, par mon organe, l'assurance des hommages les plus respectueux ainsi que l'expression du dévouement le plus sincère des habitants de ce canton. »

S. A. R. répondit : « Monsieur le maire, je reçois avec une véritable satisfaction l'expression des sentiments qui animent les habitants du canton de Xertigny. Les Vosgiens me sont connus, et je n'ai jamais douté de leur attachement à notre famille. Aussi, depuis long-temps, j'ai le plus vif désir de me trouver parmi eux. Le Roi sera reconnaissant des vœux que vous formez pour la conservation de ses jours. Nos enfants se souviendront de l'amour que les vôtres leur ont voué. »

M. Mantrand, juge de paix, prit à son tour la parole en ces termes :

« Permettez-moi, Monseigneur, de profiter du trop court instant pendant lequel nous avons le bonheur de vous posséder, pour déposer aux pieds de V. A. R. l'hommage du plus profond respect et du bien sincère dévouement des membres du tribunal de paix du canton de Xertigny et de tous ses justiciables. Ce sont des cœurs vosgiens, pleins de franchise, qui vous prient d'agréer l'expression de leurs sentiments. Oui, la journée du 5 juillet, cette heureuse journée où chacun de nous a pu contempler, avec une vive émotion, les traits de notre futur souverain, ceux de son affable et bienfaisante épouse, laissera à jamais parmi nous un bien doux souvenir. Puisse le ciel exaucer les vœux que nous formons tous pour la conservation des jours, si chers à la patrie, de V. A. R., de ceux de votre épouse bien-aimée, et de vos augustes parents ! »

Le Prince fit la réponse ci-après :

« Je vous remercie des sentiments que vous venez de m'exprimer. Les démonstrations d'allégresse qui éclatent de toutes parts me font croire à leur sincérité. J'en ai d'ailleurs pour garant la franchise bien connue des cœurs vosgiens qui m'entourent ; plus d'une fois j'ai été à même de les apprécier. Recevez aussi mes remercîments des vœux que vous formez pour la conservation des jours de Mme la Duchesse d'Orléans et de mes bien-aimés parents. Je vous prie de croire que dans les vœux que j'ai prié le Très-Haut de vouloir bien exaucer, j'ai toujours placé en première ligne le bien du peuple Français et la prospérité de la patrie. »

Le respectable curé de Xertigny, M. Aubertin, complimenta aussi M. le Duc d'Orléans et s'exprima ainsi :

« Monseigneur, il sera à jamais mémorable pour nous, le jour où nous avons l'insigne bonheur de pouvoir offrir à V. A. R. l'humble hommage de notre profond respect. Éloignés de la capitale et placés sur les confins de notre belle France, nous ne pouvons jouir que fort rarement d'un avantage si précieux, mais aujourd'hui que le ciel nous l'offre, nous nous empressons de l'accueillir pour témoigner à V. A. notre vive reconnaissance d'avoir bien voulu nous honorer un instant de son auguste présence. Oui, nos cœurs sont vraiment satisfaits de pouvoir contempler un Prince magnanime, le doux espoir de la France, l'Héritier du trône, et le digne fils du sage et habile monarque qui sait nous gouverner avec succès et justice, et dont l'auguste personne, non moins que son illustre et belle famille, protégée si visiblement du ciel, sera toujours l'objet de nos plus chères affections. Nous aimerons à redire, Monseigneur, à ceux des sujets du Roi confiés à notre sollicitude pastorale, le bonheur que nous éprouvons en ce jour, et que nous avons cherché à leur faire partager. Nos efforts tendront à faire aimer de plus en plus un Prince si digne de leur amour, et destiné, nous l'espérons, à faire toujours leur bonheur; et puisque notre devoir est d'offrir à l'Éternel l'encens de nos prières, nous lui demanderons dans toute la sincérité de notre âme qu'il daigne toujours protéger la France et les dignes princes qui la gouvernent; qu'il répande surtout ses plus abondantes bénédictions sur le monarque et les sujets, mais principalement sur la personne illustre de V. A. R. et sur celle de la noble et bien-aimée Princesse, votre auguste et digne épouse. Alors, nos vœux étant exaucés, notre cri de joie et d'allégresse la plus vive sera toujours comme aujourd'hui : *vive la France! vive le Roi! vive Monseigneur le* Duc d'Orléans. »

« Je vous remercie bien sincèrement, Monsieur le curé, répondit le Prince, des sentiments que vous voulez bien m'exprimer. J'accepte avec reconnaissance la part que vous m'offrez dans vos prières et je m'y recommande tout particulièrement. »

Ensuite prenant la main du maire et s'adressant aux autorités : « Je pense, Messieurs, leur dit le Prince, que Mᵐᵉ la Duchesse d'Orléans sera bien aise de vous voir. Suivez-moi; je vais vous présenter. »

Les autorités, arrivées auprès de la Princesse, lui offrirent leurs félicitations, et le juge de paix lui dit : « Madame, je viens déposer aux pieds de V. A. R. l'expression de mes respectueux hommages. Tous, nous nous félicitons qu'une indisposition, qui, nous en sommes certains, n'aura aucune suite fâcheuse, nous ait procuré le bonheur de jouir un instant de votre auguste présence. Nous espérons que l'air pur de nos montagnes et l'efficacité des eaux de Plombières feront entièrement disparaître cette indisposition. Nous vous supplions de venir encore nous visiter. Cette heureuse journée, je peux vous l'assurer, Madame, laissera parmi nous un long et durable souvenir. »

« Je vous remercie, répondit la Princesse, des félicitations que vous m'adressez ; c'est avec plaisir que je me souviendrai toujours des bons habitants de ce lieu : j'espère bien y revenir. »

L'arc de triomphe et surtout le mouvement perpétuel des couleurs nationales qui le décoraient frappèrent l'attention de la Princesse. Elle le fit remarquer au Prince, en lui disant : « Vois donc comme c'est beau. Voilà long-temps que je regarde, et je ne peux m'en lasser. Puis continuant : « Cette étoffe si légère tournera-t-elle toujours ainsi ? Vous avez donc employé un architecte, monsieur le maire, pour exécuter ce mécanisme ? — Non, Madame, c'est un jeune homme du lieu qui en est l'auteur. — Comment se nomme-t-il ? Conty. » — Ce jeune ouvrier fut appelé et reçut à l'instant même une gratification.

Un trait de bonté de Mme la Duchesse d'Orléans émut vivement les habitants. Pendant que les autorités complimentaient le Prince, elle aperçut dans la foule une pauvre femme du peuple qui tenait dans ses bras

une petite fille de quatre ans, remarquablement belle.
S. A. R. dit à cette femme, qui osait à peine se montrer :
« Venez, ma chère, venez ; approchez-vous. Oh ! que
votre enfant est beau ! N'est-ce pas que vous me l'ap-
porterez à Plombières ? » S. A. donna en même temps
des marques de sa munificence à la pauvre femme.

Des acclamations de bonheur et de joie saluèrent
LL. AA. RR. au moment de leur départ de Xertigny.

Arrivées sur le territoire de Bellefontaine, auprès
de l'arc de triomphe érigé par la commune, Elles
furent reçues par M. Gœury, maire, par le corps mu-
cipal, M. l'abbé Demange, curé, les officiers de la
garde nationale et la population entière de ce grand
village, disséminé sur les collines et dans les vallées.
Selon son habitude, le Prince royal sauta lestement de
voiture, s'approcha du maire et des fonctionnaires qui
l'accompagnaient, et les conduisit lui-même auprès de
la Princesse. Mme la Duchesse d'Orléans s'entretint
quelque temps avec M. Gœury, ancien officier
de l'Empire décoré de la légion d'honneur. Elle le
questionna sur ses services militaires, ses campagnes
et sur l'action d'éclat qui lui avait mérité la croix.
Le maire, pénétré de l'affabilité de S. A., satisfit à
toutes ses questions. De son côté, M. le Duc d'Orléans lia conversation avec M. l'abbé Demange. « Comment se nomme ce village, Monsieur le curé ? — Bellefontaine, Monseigneur. — Quelle est sa population ?
— 2,800 habitants répandus sur un territoire dont le
pourtour n'a pas moins de 4 myriamètres. — A quelle

distance se trouve l'église du hameau le plus rapproché ?
— A 1 kilomètre. — Il n'y a point d'agglomération considérable ? — Non, Monseigneur. — La desserte de votre paroisse est donc bien pénible ? — Oui, Monseigneur, et si pénible que M. l'Évêque de Saint-Dié a jugé à propos de m'adjoindre un vicaire ; mais le traitement de cet ecclésiastique est supporté tant par la fabrique que par le curé. Il nous a semblé cependant qu'il devait être à la charge de l'État ; nous l'avons demandé bien des fois inutilement ; mais si Mme la DUCHESSE D'ORLÉANS voulait bien nous prêter l'appui de sa puissante protection, nous espérerions qu'une nouvelle demande ne resterait pas sans succès. » Le Prince alors s'adressant à Mme la Duchesse : « Tiens, mon amie, M. le curé a une demande à te faire ; » et se retournant vers M. l'abbé Demange : « Vous lui ferez cette demande quand vous irez la voir à Plombières. — Je n'oserai jamais me le permettre, Monseigneur. » Mme la DUCHESSE D'ORLÉANS reprit : « Vous viendrez me voir, Monsieur le curé, et nous causerons de ce qui vous intéresse. »

Après avoir de nouveau remercié affectueusement M. le maire de Bellefontaine de sa réception, le Prince reprit sa place auprès de Mme la Duchesse, et les voitures se dirigèrent sur Plombières. De Bellefontaine à cette ville, la route s'était instantanément couverte de villageois ; leurs figures rayonnaient de plaisir et de joie. De temps à autre le Prince saluait ces braves gens accourus avec tant d'empressement sur son passage, et se tint même debout dans sa calèche pour qu'ils pussent le voir plus facilement.

A sept heures et demie du soir, LL. AA. RR. firent leur entrée à Plombières. Un arc de triomphe avait été préparé vers la fin de la Grande-Côte, à la naissance du pavé. Ce monument de verdure, orné de peintures ingénieuses, de guirlandes, de drapeaux tricolores et d'inscriptions, offrait un coup-d'œil magnifique. C'est là que M. Durand, maire de Plombières, accompagné du conseil municipal, de M. le juge de paix et d'un nombre considérable de notables, attendait le Prince et la Princesse.

Dès que M. le Duc d'Orléans aperçut M. le maire, il fit arrêter sa voiture, mit pied à terre et se plaçant derrière ce magistrat, il entendit avec une extrême bienveillance la courte harangue que M. Durand adressa à la Princesse, et qui était ainsi conçue :

« Madame, la ville de Plombières vous sera à jamais reconnaissante de la visite dont vous l'honorez aujourd'hui. Votre séjour parmi nous sera accueilli avec bonheur et ramènera ces beaux jours que nous avons dus jadis à la présence de l'impératrice Joséphine. Puisse Votre Altesse, Madame, trouver dans nos sources salutaires, et dans l'air pur de nos montagnes, le raffermissement d'une santé si précieuse à la France et à votre auguste famille. »

Mme la Duchesse d'Orléans parut saisir avec l'empressement d'un cœur noble et charitable, ce rapprochement entre elle et la mémoire d'une Princesse qui répandit jadis à Plombières tant de bienfaits. Les habitants purent, dès cet instant, concevoir l'espoir que l'auguste mère du comte de Paris allait fonder pour Plombières une nouvelle ère de bonheur et une autre date de respectueuse et inaltérable reconnaissance.

En arrivant au pavillon, LL. AA. RR. furent reçues à leur descente de voiture par M. le Préfet des Vosges, M. le général Juncker, commandant le département, M. le colonel commandant la légion de gendarmerie, M. Brackenhoffer, sous-préfet de Remiremont, et par Mme et Melle de la Bergerie. Le Prince et la Princesse les accueillirent avec cette bonté simple et puissante qui gagne si bien les cœurs. M. Mazères, préfet de la Haute-Saône, venu de Vesoul pour présenter ses devoirs à LL. AA. RR., en reçut l'accueil le plus gracieux.

Quelques instants après, les réceptions commencèrent dans l'ordre suivant : M. l'Évêque de St-Dié, arrivé dans la nuit ; M. l'abbé Martin, grand vicaire et M. l'abbé Balland, curé de Plombières ; M. Bresson, directeur général des forêts, en ce moment à Remiremont ; M. le maire et le corps municipal de Plombières ; M. le juge de paix ; M. le docteur Garnier, inspecteur de l'établissement thermal ; M. le docteur Turck ; M. le général baron Pouget ; M. Petitmengin, membre du conseil général des Vosges, et plusieurs autres personnes notables.

Le Prince admit à sa table M. le Préfet des Vosges et Mme et Melle de la Bergerie, M. le général Juncker, M. l'Évêque de Saint - Dié et son grand vicaire, M. Bresson, directeur général des forêts, M. le général Pouget, M. le préfet de la Haute-Saône et M. le colonel Vesco.

Le soir, toute la ville fut illuminée, et le chiffre de la Princesse en lettres de feu, placé sur une des hautes montagnes du voisinage, et comme brillant dans le ciel, offrit un admirable spectacle.

M. le Duc d'Orléans ne resta à Plombières que le 6 juillet, mais pendant ce court séjour, il se fit remarquer par une foule de paroles intéressantes, qui toutes attestaient l'étendue de ses vues, la bonté de son cœur, et ces belles et solides vertus qui faisaient de lui le Prince le plus accompli de l'Europe.

Les personnes qui eurent le bonheur de l'approcher recueillirent avidement et gravèrent dans leur mémoire les paroles qu'elles l'entendirent prononcer, et ces paroles furent répétées promptement dans la ville de Plombières et au dehors. Parmi ces conversations, si religieusement retenues, nous citerons de préférence celles qui suivent, parce qu'elles font mieux connaître encore le Roi que la France s'est donné.

Le 6 juillet, LL. AA. RR. avaient daigné recevoir à leur table plusieurs fonctionnaires et d'autres personnes de distinction alors aux eaux. On était sorti de table, et le Prince, appuyé contre un chambranle de la porte ouverte entre les deux salons, conversait familièrement avec eux.

On parla de la santé du Roi.

« Le Roi, dit le Prince, ne s'est jamais si bien porté; il a fait ces jours-ci une longue promenade à cheval. » Et se tournant vers un officier supérieur, il cita un colonel de Paris qui avait été, disait-il, plus

fatigué que le Roi à la suite de cette course prolongée.
Puis le Prince reprit :

« Le Roi est fort, très-fort ; il n'est pas un de
ses fils que l'étreinte de ses mains ne fasse encore
plier comme un enfant. Le Roi doit cette bonne
constitution aux rudes épreuves de sa jeunesse, à une
vie qui fut toujours active et toujours ménagée.

» Le Roi se lève vers sept heures, et jusqu'à neuf
heures s'occupe des choses intérieures de sa maison.
A neuf heures, il entre dans son cabinet, et là com-
mence le travail le plus consciencieux qui se puisse
imaginer. Il signe et ne signe rien avant d'avoir bien
lu ; sa mémoire est parfaite ; elle le sert d'une manière admirable dans toutes les affaires.

» Dans le courant de la matinée, il reçoit ses
Ministres ou préside le conseil, et sa seule distraction
est de visiter quelques-uns de ces grands travaux
qu'il dirige avec tant de goût.

» Le soir, auprès de la Reine et des Princesses, au
milieu de nous, le Roi reçoit quelques personnes, et
si l'on a à l'entretenir, il cause volontiers dans l'em-
brâsure de quelque fenêtre : c'est ainsi que des pairs,
des députés, des généraux lui parlent souvent le soir.

« A dix heures et demie ou onze heures, le Roi
rentre dans son cabinet, et alors il écrit pour lui-
même, ce qui l'occupe jusqu'à deux heures du matin.
C'est là ce qui atteste l'étonnante force du Roi, mais
aussi ce sont de vieilles habitudes qu'il devrait aban-
donner, si l'amour du bien n'était pas plus fort sur
lui que nos prières. »

Dans la matinée du 7 juillet, M. le Duc d'Orléans partit de Plombières pour retourner à Paris, et traversa de nouveau le département des Vosges.

Quelques particularités que nous allons rapporter marquèrent encore son passage sur divers points.

La voiture de S. A. descendit avec rapidité la première côte que l'on rencontre entre Xertigny et Plombières et que l'on nomme les *Terres - Vardées*. Une jeune fille de 8 ans, enfant d'une pauvre femme, se présenta à mi-côte et se prit à crier de toute la force de ses poumons : « Vive le Roi ! vive Monseigneur le Duc d'Orléans ! vivent les Princes et princesses de la Famille royale. » Vivement ému, le Prince fit arrêter sa voiture, dit à l'enfant avec un ton plein d'aménité : « Puisque vous êtes si honnête, eh bien ! je veux l'être aussi. » Et il la récompensa.

A son arrivée à Xertigny, le Prince mit pied à terre, comme lors de son premier passage, auprès de l'arc de triomphe, et se rendit au milieu des autorités qu'entouraient un détachement de garde nationale et une immense affluence de population, car le 7 juillet, il se tenait à Xertigny une foire où presque tous les habitants des villages voisins se trouvaient réunis.

Le maire harangua le Prince et lui dit : « Monseigneur, permettez-moi de profiter de votre retour pour vous témoigner de nouveau toute notre reconnaissance ce que V. A. R. et Mme la Duchesse d'Orléans ont bien voulu venir visiter nos contrées.

» Il est difficile, Monseigneur, de vous décrire la joie que vous avez fait naître dans tous les cœurs, en daignant vous mêler un instant au milieu de nous avec tant de popularité, avec cette bonté et cette urbanité qui ne caractérisent que des Princes comme vous.

» Soyez persuadé, Monseigneur, que nous conserverons un éternel souvenir du bonheur que nous avons eu d'entretenir et de saluer notre Roi et notre Reine futurs. Agréez-en, je vous prie, la pleine et entière assurance.

» Adieu, Prince; que Dieu vous protége, ainsi que votre auguste épouse, et qu'il veuille bien vous ramener souvent dans notre pays qui ose se placer entièrement sous votre protection. »

M. le Duc d'Orléans répondit :

« Monsieur le maire, notre intention sans doute est bien arrêtée de venir très-souvent dans ce pays. L'accueil qui nous a été fait dans les Vosges nous engagera toujours à venir visiter une population qui nous sera toujours chère. Nous n'oublierons jamais les bons sentiments qui l'animent. Elle s'est acquis, à un bien juste titre, la protection qu'elle réclame de nous. Ce sera avec un véritable plaisir que je m'empresserai, autant cependant qu'il pourra dépendre de moi, de faire accueillir favorablement toutes les réclamations qu'elle croira devoir adresser au Gouvernement. »

Le Prince demanda ensuite à M. le maire quelques explications sur une supplique qu'il avait reçue au sujet de la rectification des côtes de la route royale que S. A. trouvait elle-même très-bonne. Le maire lui donna ces renseignements ; après quoi M. le Duc D'ORLÉANS lui promit, de la manière la plus formelle, de recommander au Ministre que la route ne fût pas changée de direction, et que les côtes en fussent seulement rectifiées. « Monsieur le maire, dit-il avec bonté, ne vous alarmez pas à ce sujet ; je me charge de votre affaire. »

S. A. R., avant de quitter ce magistrat, lui fit remettre 100 francs pour les pauvres de sa commune.

A Dounoux, le maire, prévenu à temps, attendait, avec le conseil municipal, S. A. R. à la sortie du village. Le Prince s'arrêta, mais il ne descendit pas de voiture. Il dit au maire qu'il n'avait pas oublié le nom de sa commune, qu'il se trouvait à Dounoux ; il s'informa auprès de lui si l'on commençait les récoltes, si elles promettaient d'être bonnes, si le pays avait beaucoup souffert de la sécheresse, et lui annonça qu'il espérait avoir le plaisir de le revoir encore en revenant à Plombières.

Quelques instants après, S. A. R. rencontra M. le curé de Bellefontaine qui s'empressa de se présenter à la portière de la voiture : « C'est M. le curé de Bellefontaine ? — Oui, Monseigneur ; je prie de nouveau V. A. R. d'agréer mes hommages et ceux des habitants de ma paroisse, qui ont ressenti la joie la plus vive de votre arrivée dans cette contrée. — Je vous remercie beaucoup. — Oserai-je demander à V. A. comment elle

a laissé Mme la Duchesse d'Orléans ? — Un peu souf-
frante. Mais vous irez la voir ? — Oui, Monseigneur. —
Vous venez d'Épinal ? — Oui, Monseigneur. — Je vous
suis bien reconnaissant de votre attention. » Le curé
se retira alors, et salua respectueusement le Prince
qu'il ne croyait point voir pour la dernière fois.

S. A. R. arriva à Épinal, où M. le Préfet l'attendait
à la poste. Le Préfet avait reçu par le courrier de
la nuit des nouvelles particulières de M. le Comte
de Paris et de M. le Duc de Chartres, et il eut le
bonheur de donner au Prince des détails pleins d'intérêt sur l'état des jeunes Princes à Eu et aux bains
de mer qu'ils prenaient alors. On ne saurait peindre
avec quelle gratitude et quelle joie paternelle le Prince
recueillit ces bonnes nouvelles, et comme il remercia
le Préfet que la fortune et l'à-propos d'une lettre ve-
naient de servir si bien. Le prince ne s'arrêta à Épinal
que peu d'instants, et changeant de route à partir de
cette ville, il se dirigea sur Mirecourt.

Les autorités et la garde nationale de Mirecourt l'accueillirent avec les démonstrations de la joie la plus vive.

A Houécourt, M. le Duc d'Orléans alla faire
visite à M. le marquis de Marmier, son ancien condisciple.

A Neufchâteau, il quitta le département des Vosges,
et le lendemain il arriva à Paris, où quelques jours
plus tard, le 13 juillet, celui qu'attendaient les

destinées les plus glorieuses mourut d'un horrible accident, dans l'obscure demeure d'un épicier! Qui eût dit aux Vosgiens, quand ils le virent dans leurs montagnes, si plein de jeunesse, de vie et de bonheur, qu'il serait aussi prématurément, aussi cruellement ravi aux espérances de la France! La nouvelle de ce terrible événement les consterna, et leur douleur fut d'autant plus vive que M. le Duc d'Orléans venait de leur faire apprécier les nobles et belles qualités que la Providence lui avait départies.

Reportons-nous maintenant à Plombières, où S. A. R. Mme la Duchesse d'Orléans acquérait chaque jour de nouveaux droits à l'amour de ses habitants.

Dans la journée du 6 juillet, la ville pria S. A. R. d'agréer l'hommage d'un charmant guéridon, produit de ces ouvrages en fer travaillé, qui sont la principale industrie de Plombières : ce guéridon sortait des ateliers de M. Resal, un des plus habiles ouvriers du pays.

La Princesse se plut à parcourir les divers ateliers ; elle adressa aux maîtres et aux ouvriers des paroles de bienveillance et d'encouragement, en même temps que des questions qui décelaient en elle une admirable justesse d'appréciation et justifiaient ce que l'on a souvent dit ailleurs de l'esprit élevé et des connaissances variées de S. A. R. Dans les divers magasins qu'elle honora de sa visite, les ouvrages en fer poli, moiré, damasquiné, qui se font seulement à Plombières, atti-rèrent son attention. S. A. fit, chez MM. Resal et Jeanmaire, deux des principaux fabricants, l'emplette

*

d'un petit canon pour M. le Comte de Paris, et d'autres objets dont la grâce et le poli rappellent les plus beaux produits exécutés en acier par l'industrie anglaise.

La Princesse visita l'hôpital Stanislas, cette maison où seize lits fondés par le bon Roi reçoivent chaque année, pendant la saison des eaux, plus de 80 malades.

Elle parcourut les promenades et les environs de Plombières, et elle put apprécier les charmes de cette contrée si belle en été, si riche de verdure, de ruisseaux et de cours d'eau intarissables.

C'était à pied, sans escorte et sans suite, que la Princesse se montrait dans les rues de Plombières, où des marques nombreuses de respect et d'amour l'accueillaient toujours, mais avec une discrétion délicate qui lui laissait le charme d'une douce liberté.

L'usage des eaux de Plombières paraissait concourir à l'amélioration de la santé de Mme la DUCHESSE D'ORLÉANS ; tout le monde s'en réjouissait, tout le monde pensait que S. A. R. ne quitterait point cette ville sans être entièrement rétablie, lorsque le cruel événement du 13 juillet vint détruire tout-à-coup toutes les joies et toutes les espérances.

Les scènes déchirantes que cette catastrophe inattendue provoqua à Plombières sont rendues avec trop de vérité dans l'article suivant du *Moniteur*, pour que nous ne le reproduisions pas ici tout entier :

« Tandis que Paris et une partie de la France étaient déjà en deuil, la ville de Plombières, heureuse de posséder S. A. R. Mme la DUCHESSE D'ORLÉANS,

voyait avec un bonheur inexprimable les premiers
bons effets des eaux et du bon air des montagnes sur
la santé de la Princesse.

» Les nombreux étrangers qui affluent à Plombières
dans cette saison, montraient chaque jour aussi l'expression du plus vif intérêt pour cette princesse si
digne de celui qu'elle allait perdre dans quelques
instants.

» La journée du 13 avait été, comme la plupart des
journées de Mme la Duchesse d'Orléans, consacrée
à des soins charitables, à donner des audiences aux
malheureux, à faire du bien et à le bien faire.

» Le soir, après sa promenade ordinaire dans les
montagnes, S. A. R. avait admis à sa table M. le curé
de Remiremont, ceux de Plombières, de Saint-Amé,
et plusieurs autres personnes notables.

» Le 14, terrible jour, qui a été pour nous le jour
des plus amères douleurs, la Princesse avait répandu
de nouveaux bienfaits ; elle avait fait de bienveillantes
emplettes et comblé de bonheur une foule de pauvres
gens qui avaient été admis devant elle.

» Vers trois heures, la Princesse sortit en voiture
pour faire une plus grande course que les autres jours.
Le temps était beau, l'air était pur, toute la population élégante s'était portée du côté par où S. A. R.
devait passer.

» A six heures et demie, quand la Princesse rentra
en ville, sa douce physionomie et son regard bien-
veillant semblaient dire aux personnes accourues
sur son passage : je suis heureuse au milieu de vous.

» Hélas ! pendant cette promenade, un courrier expédié de Nancy par M. le Duc de Nemours était arrivé à Plombières. On avait cru d'abord qu'il annonçait le Prince, mais peu de moments après, l'air consterné des gens de la Princesse avait trahi l'idée d'un grand malheur. Était-ce le Roi ? Était-ce le Prince royal ou quelque autre personne de la famille ? On se perdait en désolantes conjectures.

» Que l'on juge donc de l'effet déchirant que produisit sur chacun la vue de la Princesse rentrant chez elle avec calme et gaîté, comme elle était sortie trois heures auparavant !

» S. A. R. avait du monde à dîner ; elle s'apprêtait à entrer dans les salons, lorsque, après de terribles hésitations pour trouver le moyen de lui laisser du moins entrevoir quelque chose du grand malheur qui allait l'accabler, on s'arrêta à l'idée de lui porter ce premier coup, en ne parlant d'abord que d'une grave maladie du Prince.

» Ce fut M. le Préfet des Vosges qui eut la douloureuse mission de faire valoir ce pieux mensonge (*).

(*) Les personnes attachées au Prince et à Mme la Duchesse d'Orléans qui se trouvaient dans ces tristes instants auprès de S. A. R., étaient M. le lieutenant-général Baudrand, dont la douleur à ces premières nouvelles ne pourrait se décrire, et Mme la comtesse Anatole de Montesquiou, dame d'honneur, tombée dans un état de désespoir déchirant, mais qu'elle eut pourtant un moment le courage de surmonter pour annoncer à la Princesse que le Préfet avait reçu de mauvaises nouvelles de Paris, et l'introduire auprès de Madame.

Parmi les gens de service, nous pourrions citer M. Monnier, contrôleur adjoint de la maison, Melle Sucrow, première femme de

C'était, dit-il à S. A. R., une dépêche télégraphique qui le chargeait de lui donner ces tristes nouvelles.

» Mais rien ne peut rendre ce qui se passa alors. D'un côté, la Princesse, pleine d'effroi, l'œil fixe, interrogeant tour-à-tour la prétendue dépêche et le Préfet jusque dans le moindre mouvement de ses traits ; de l'autre, celui-ci désespéré, retenant ses larmes, croyant encore alors à quelque chose de plus affreux que l'affreux malheur même. Il eut cependant assez de courage et de présence d'esprit pour répondre aux questions pressantes, multipliées de la Princesse, qui voulait tout savoir. Il ne lui cacha pas que la maladie du Prince devait être grave, mais du conseil même des personnes attachées à la maison de S. A. R., il n'osa pas aller au-delà.

» Une heure après, la Princesse était prête à partir. Ce fut alors que cette âme si grande, si belle, se montra pour nous avec le plus indicible rayonnement de courage et de bonté !

» De funestes pressentiments l'avaient sans doute saisie ; elle versait d'abondantes larmes, et cependant elle se montrait résignée, comme l'âme qui puise sa force en Dieu. Elle parla à tout le monde ; elle prescrivit de nouvelles aumônes ; elle remercia ; elle voulut

chambre de S. A. R., le brave M. Loug, valet de chambre d'annonce, et tous les serviteurs de cette maison, où tant de larmes sincères attestèrent en un moment, et les bontés du maître qui n'était plus, et le profond dévouement de ces braves gens qui ne l'avaient jamais quitté.

que les fidèles de Plombières priassent dès le lendemain
pour le Prince malade. On pleurait, on se jetait sur ses
mains, sur ses vêtements pour les baigner de larmes.

» Des cris de joie avaient salué dix jours auparavant
l'arrivée de Mme la Duchesse d'Orléans à Plombières,
sous la conduite du vaillant Prince que la France, hélas !
allait voir disparaître du seuil du trône constitutionnel
où il était si digne de s'asseoir un jour !... Des cris
de désespoir, des sanglots saluèrent le départ de la
Princesse : elle emportait les bénédictions de la population toute entière !

» Et le lendemain, dans l'église de Plombières, une
foule recueillie pleurait et priait pour celui qui, le jour
de son départ, avait dit : « Je reviendrai ; je vous confie
ce que j'ai de plus cher au monde. »

Mme la Duchesse d'Orléans suivit, pour revenir à
Paris, la même route que le Prince royal. Les populations ne se portèrent plus tumultueusement à sa rencontre, mais leur morne silence, leur contenance, leur
abattement, leurs larmes même témoignèrent assez de
la part qu'elles prenaient à sa profonde affliction.

S. A. R. apprit à Dompaire, à trois lieues d'Epinal,
le malheur irréparable qui venait de la frapper.

Madame avait-elle quitté les Vosges pour toujours,
ou plutôt ces Vosges, où tant d'amour lui avait été
témoigné, où son royal époux avait été si loyalement
compris, si noblement fêté, où M. le Comte de Paris
et l'avenir de la France avaient été si bien mêlés, dans
les cris, dans les paroles, dans les regards, dans les

vœux, ces Vosges allaient-elles donc sortir de sa mémoire ?

Non ! non ! ce n'est pas d'un cœur noble comme celui de la Princesse Hélène que l'on peut craindre l'oubli. Que vous soyez population, que vous soyez magistrat, que vous soyez peuple, ne craignez rien : Madame la Duchesse d'Orléans, comme le Prince regretté de l'Europe entière, a par-dessus tout la mémoire du cœur, et rien de bien, rien de bon n'est par elle oublié.

Aussi, nous autres Vosgiens, nous qui l'avions vue recevoir avec une ineffable bonté et une touchante gratitude, les acclamations des habitants de toutes les classes, et à quelques jours de là, leurs larmes sympathiques, leurs regrets, leurs sanglots, ne sommes-nous point surpris en apprenant que *Madame*, à peine relevée de dessus le cercueil trempé des larmes de la famille et du peuple, s'est rappelée des Vosgiens si dévoués qui, les premiers, hélas ! avaient partagé sa poignante douleur !

C'est de Neuilly que, dès le 2 août, S. A. R. a daigné penser aux pauvres d'Epinal, de cette ville qu'elle se proposait de visiter quand la fortune est venue la frapper. Elle leur a envoyé des secours ; elle leur a fait exprimer des paroles bienveillantes ; elle a voulu que leurs prières se mêlassent à celles de la France, dans le triste jour où toute la France priait pour le plus noble, le plus digne, le plus chéri de ses enfants.

BIBLIOTHÈQUE ROYALE